Felicitas Römer

Aufgetankt statt ausgebrannt

Was Familien zusammenhält und ihnen Kraft gibt

DAS ELTERNMAGAZIN FÜR DIE KITAZEIT

Inhalt

Mit Gelassenheit kommen Eltern leichter durch den Familienalltag

1

Perfektionismus, nein danke!

Mehr Mut zum entspannten Chaos

Endlich Wochenende! *Lisa (5 Jahre) und ihr Bruder Lukas (3 Jahre) toben fröhlich in ihrem Zimmer. Die Eltern sind im Garten, der Vater schiebt den brummenden Rasenmäher vor sich her, die Mutter jätet Unkraut im Gemüsebeet. Der sonnige Samstag ist wie dafür geschaffen. „Mama, Mama!" Lisa kommt auf die Terrasse gerannt: „Können wir heute schwimmen gehen? Bitte, wir waren schon so lange nicht mehr am See!" Die Eltern werfen sich unentschlossene Blicke zu: Wenn sie heute nicht die Gartenarbeit erledigen, wann dann? Die Mutter zögert: „Ich weiß nicht, ob das heute passt. Sollen wir das wirklich machen?" Nach kurzem Überlegen lächeln sich die Eltern an. „Ach was, wir lassen heute einfach mal alles stehen und liegen. Nach dieser anstrengenden Woche haben wir uns das verdient!", meint der Vater und stellt entschieden den Rasenmäher aus. Lisa jubelt.*

Träumen Sie auch von einem perfekt gepflegten Haus und Garten, glücklichen Kindern, einer friedlichen Familienatmosphäre und einer harmonischen Ehe? Und versuchen Sie auch, stets Ihr Bestes zu geben, um diesen Traum wahr werden zu lassen? Vermutlich! Denn wir sind alle mehr oder weniger dem Irrtum erlegen, dass es so etwas wie ein perfektes Leben geben könnte. Wir denken: Wenn ich nur dies oder jenes besser machen würde, wäre mein Leben viel schöner.

Meist sind das jedoch Vorstellungen, die uns von unserem wirklichen Leben ablenken. Statt sich mit dem zu beschäftigen, was gerade ansteht, hängen wir der Idee einer perfekten Harmoniewelt nach. Statt sich an dem zu freuen, was da ist, streben wir nach etwas, das wir (noch?) nicht haben. Das liegt einerseits in der Natur des Menschen begründet, denn wir wollen uns weiterentwickeln und Ziele erreichen. Andererseits werden wir aber auch zu chronischer Unzufriedenheit erzogen, zum Beispiel von der Werbung, die uns permanent vorgaukelt, wir könnten nur dann glücklich und zufrieden sein, wenn wir bestimmte Dinge besitzen oder vorbildlich in den Griff bekommen.

Leben im Augenblick – das tut Eltern und Kindern gut

Die Kunst, den Moment zu genießen

In Familien geht es jedoch um etwas anderes als um Perfektion und Dauerglück. Es geht um liebevolle Beziehungen, um gegenseitiges Vertrauen und gemeinsames Wachsen. Ein gesundes Familienleben ist oft alles andere als perfekt. Es ist auch mal wild und chaotisch. Manchmal gibt es Krach und Auseinandersetzungen, ab und zu fließen Tränen oder jemand hat einen ordentlichen Wutausbruch. Und das ist gut so. Denn so ist das echte Leben! Mal läuft es reibungslos, mal nicht. Immer wieder kommen neue Aufgaben auf uns zu, die wir bewältigen müssen. Von Zeit zu Zeit müssen wir Krisen meistern, auf die wir gerne verzichtet hätten. Aber auch daran können Familien wachsen und reifen.

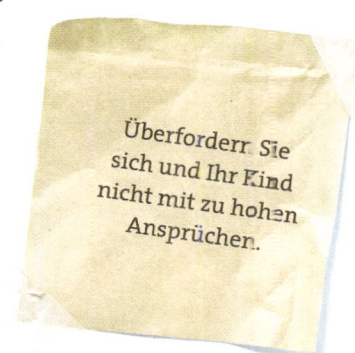

Überfordern Sie sich und Ihr Kind nicht mit zu hohen Ansprüchen.

Wenn sich Ihr Leben lebendig anfühlt, wenn in Ihrer Familie vieles in Bewegung und im Fluss ist, wenn es gefühlsmäßig auch mal drunter und drüber geht, dann leben Sie. Versuchen Sie hingegen, alles perfekt zu machen und alle Ideale zu erfüllen, rennen Sie dem Leben hinterher. Oder vielmehr einer bestimmten Vorstellung von Leben. Und verpassen dabei womöglich die vielen kostbaren Momente jenseits von Pflichterfüllung und Perfektion. Und das wäre doch schade, oder?

Deshalb ist es wichtig, sich in Achtsamkeit zu üben und sich so oft wie möglich auf den Moment zu besinnen: Was ist jetzt? Was brauche ich gerade? Welches Bedürfnis hat mein Kind, welches mein Partner? Was ist nun zu tun? Wir können unser Leben nur jetzt – in

der Gegenwart – gestalten. Ganz gleich, ob es gerade chaotisch oder harmonisch zugeht: Es ist Ihr Leben! Genießen Sie es und freuen Sie sich daran. Die Erkenntnis, dass der Alltag einer Familie ein bisschen chaotisch sein muss, ist ein wichtiger Schritt in Richtung Entlastung und Gelassenheit. Wenn es hin und wieder nicht so läuft, wie Sie sich das wünschen, versuchen Sie es leicht zu nehmen. Verstehen Sie Probleme als Aufgaben, die man lösen kann, und nicht als lästige Hindernisse. Und begrüßen Sie jeden Morgen freundlich Ihr schönes kleines Familienchaos. Denn wenn Sie ehrlich sind, würden Sie Ihre Familie gegen nichts in der Welt eintauschen wollen, oder?

Eine gewisse Unordnung gehört zum Familienleben dazu

Ein Mikrokosmos, den Sie gestalten können

Eltern meinen oft, sie müssten immer alles im Griff haben. Sie erwarten von sich, für jede noch so überraschende Situation mit ihren Kindern das passende Verhaltenskonzept parat zu haben. Sie glauben, stets souverän, liebevoll und locker mit ihrem Kind umgehen zu müssen. Wenn sie es nur richtig erziehen, dann wird es bestimmt schlau, stark und erfolgreich.

Wenn das nur so einfach wäre! Und wenn es überhaupt so etwas wie die „richtige" Erziehung gäbe. In Wahrheit ist es viel einfacher – und gleichzeitig viel komplizierter: Es gibt kein Patentrezept für ein gelungenes Familienleben. Stattdessen schafft sich jede Familie ihren eigenen kleinen Kosmos. Jede Familie funktioniert nach eigenen Gesetzen und verfolgt unterschiedliche Ziele. In jeder Familie herrschen ausgesprochene und unausgesprochene Regeln, die das Zusammenleben prägen. Und jede Familie bildet ein Wertesystem, an dem sich die einzelnen Mitglieder orientieren können. Und nicht zuletzt verfügt jede Familie über viele individuelle Ressourcen und Fähigkeiten, um mit den täglichen und besonderen Herausforderungen des Lebens fertigzuwerden.

> Verbindliche Normen in der Erziehung gibt es nicht mehr. Jede Familie muss ihr eigenes Wertesystem entwickeln.

Finden Sie heraus, was Ihre Familie braucht

Jede Familie muss selbst herausfinden, was ihr guttut, was zu ihr passt und was sie braucht. Und das ist manchmal gar nicht so einfach. Dazu gehört die Bereitschaft, sich ernsthaft mit sich und den anderen Familienmitgliedern auseinanderzusetzen: Wer braucht was, um zufrieden zu sein? Wer kann wen unterstützen? Wem geht es in unserer Familie gerade gut, wem nicht? Was können wir ändern? Und natürlich müssen Eltern sich manchmal kritisch fragen: Wann schimpfe ich und warum eigentlich? Wie kommt es, dass ich manchmal ungerecht bin? Was macht mich wütend? Wie schaffe ich es, mich über bestimmte Kleinigkeiten des Alltags nicht mehr aufzuregen?

Es lohnt sich, sich hin und wieder intensiv mit den eigenen Ansprüchen, Ideen und Gefühlen auseinanderzusetzen. Sie werden sich klarer über Ihre Bedürfnisse und können selbstbestimmter leben, wenn Sie nicht mehr äußeren Ansprüchen hinterherlaufen, sondern eigene Prioritäten setzen. Und wenn Sie wissen, was Ihnen und Ihren Liebsten guttut und Kraft spendet.

Öfter auftanken als sich ständig verausgaben

Wir leben in einer hektischen und stressigen Welt. Die Ziele sind hoch, unser Leistungsdenken ist ausgeprägt. Oft sind beide Elternteile beruflich stark eingespannt, das prägt den Alltag und schränkt die gemeinsame Zeit mit den Kindern und dem Partner ein. Kein Wunder, dass Familien schnell unter Druck geraten. Kommen dann zum Beispiel Unzufriedenheit im Job, Geldsorgen, Krankheit, Erziehungsprobleme oder andere außergewöhnliche Belastungen dazu, gerät das Familiensystem schnell aus der Balance. Der Stresslevel steigt, die Nerven liegen blank, das Familien-Burn-out droht.

> Machen Sie sich frei von fremden Ansprüchen. Sie sind die Experten für Ihre Familie.

Doch das muss nicht sein. Wenn Sie darauf achten, dass Ihre Familie ihren eigenen Rhythmus findet und (überwiegend) nach ihren eigenen Werten leben kann, dann haben Sie schon viel für ein gesundes Familienleben getan.

Ressourcen und Kraftquellen finden

Wir wissen in der Regel, was uns stresst und was uns nervt. Dagegen fällt es uns meist viel schwerer zu benennen, was uns guttut, Kraft spendet und uns mit neuer Energie versorgt. Fragen Sie sich und Ihre Familie immer mal wieder:

- Was können wir tun, damit es uns als Familie gut geht (zum Beispiel zusammen etwas in der Natur unternehmen, einen Faulenzertag einführen, sich Spiele ausdenken …)?

- Was bringt uns Spaß und Freude (zum Beispiel kuscheln, raufen, lustige Filme anschauen, Bücher vorlesen, Ball spielen …)?

- Was stärkt uns (zum Beispiel gemeinsame und gelegentliche getrennte Unternehmungen, zusammen singen, liebevolle Berührungen …)?

- Was brauchen wir, damit wir uns körperlich und mental gut fühlen (zum Beispiel gesundes Essen, eine abendliche Zusammenkunft, bei der jeder kurz von seinem Tag berichten kann …)?

Machen Sie eine Liste mit all dem, was Ihrer Familie Kraft spendet, und hängen Sie diese gut sichtbar im Flur, in der Küche oder an einem anderen Ort auf, an dem Sie sich oft aufhalten. So erinnern Sie sich selbst immer wieder daran, sich und Ihrer Familie etwas Gutes zu tun!

Eltern und Kinder können in der Natur Kraft tanken

Der Familienalltag braucht eine gute Organisation

Den Überblick behalten

2

So schaffen Sie Klarheit im Familienalltag

Es ist 18 Uhr. Nathalie (4 Jahre) sitzt in ihrem Zimmer und spielt mit ihrer Puppe Lieschen. *Auf dem Boden legen jede Menge Puppenkleider, Bücher und Spielsachen. Da kommt ihre Mutter herein: „Es ist langsam Zeit zum Aufräumen, Nathalie. Ich bereite gerade das Abendessen vor. Legst du bitte die Puppensachen in die rote Kiste?" Nathalie zögert: „Gleich! Ich muss Lieschen noch ins Bett bringen." – „Na gut", erwidert Mama, „bring Lieschen ins Bett, räum die Puppensachen weg und dann komm bitte runter, es gibt gleich Pfannkuchen." – „Okay! Mama, liest du mir nachher den Froschkönig vor?", fragt Nathalie. Die Mutter lächelt: „Na klar, weißt du doch: Wenn du den Schlafanzug angezogen und Zähne geputzt hast, dann lese ich dir noch eine kleine Geschichte vor, wie jeden Abend. Nun bring aber mal schnell Lieschen ins Bett, die ist ja schon ganz müde!"*

Eltern haben im Familienalltag manchmal das Gefühl, den Überblick zu verlieren. Zu viele Baustellen gibt es zu bearbeiten, zu viele Aufgaben zu erledigen. Dieses Empfinden von Kontrollverlust nagt an unserem Selbstwertgefühl und raubt uns viel Kraft. Hier gilt es, auf verschiedenen Ebenen anzusetzen:

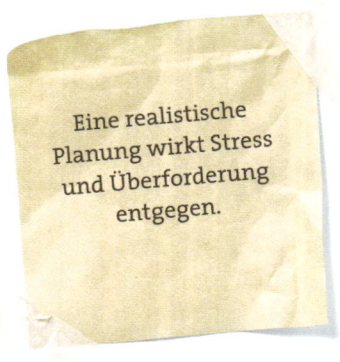

Eine realistische Planung wirkt Stress und Überforderung entgegen.

- Auf der **praktischen Ebene,** zum Beispiel in Haushalt und Büro: Wer eine Viertelstunde nach einer Schere suchen muss, verplempert nicht nur Zeit, sondern ärgert sich vermutlich auch. Deshalb ist es sinnvoll, eine Grundordnung im Haus einzuführen, beizubehalten oder gelegentlich wiederherzustellen.

- Auf der **emotionalen Ebene:** Auch unsere Psyche benötigt hin und wieder ein „Großreinemachen". Nicht nur auf dem Schreibtisch stapeln sich die unerledigten Papiere, sondern auch auf unserer Seele lasten mitunter anstehende Aufgaben. Je länger wir jedoch eine wichtige Aussprache aufschieben oder ein belastendes Thema ignorieren, desto schwieriger wird es, die verschiedenen

Nie zu früh: Kinder im Haushalt mithelfen lassen

Probleme auseinanderzuhalten. Spüren Sie lieber einmal pro Woche in sich hinein: Was steht an? Welche Dinge möchte ich bewältigen? Wer oder was könnte mir dabei helfen?

- Auf der **Beziehungsebene:** In Eltern-Kind-Beziehungen und Freundschaften ebenso wie in der Partnerschaft entstehen ebenfalls manchmal Unklarheiten. Das kann für unnötigen Stress sorgen. Hier ist es wichtig, sich regelmäßig klar zu machen, wie es einem miteinander geht, was geklärt werden sollte. Auch Beziehungen müssen wir hin und wieder „aufräumen".

Aussortieren befreit und schafft Platz für Neues

Stapeln sich bei Ihnen auch alte Zeitschriften auf dem Wohnzimmertisch, quillt das Kinderzimmer über und ist der Schrank ohnehin vollgestopft? Dann lohnt es sich, mal wieder zu entrümpeln. Das entlastet nicht nur die Psyche, sondern schafft ganz praktisch Platz und sorgt für einen guten Überblick: Je weniger Dinge wir besitzen, desto weniger müssen wir aufräumen.

Nehmen Sie sich bewusst Zeit zum Aussortieren. Verschieben Sie die Aktion nicht auf ein Wochenende im Jahr, sondern machen Sie sich lieber täglich fünf bis zehn Minuten ans Werk.

Ausmisten schafft nicht nur Ordnung in der Wohnung, sondern auch im Kopf.

Diese kurze Zeitspanne reicht, um eine Schublade zu ordnen oder ein Fach im Kinderzimmerschrank durchzusehen.

Und dann weg mit allem, was kaputt ist oder seit mehreren Wochen unbenutzt herumliegt. Keine Sorge: Nicht alles muss im Mülleimer landen. Intakte Spielsachen können Sie auf dem Flohmarkt und im Internet verkaufen oder zum Beispiel einem Flüchtlingswohnheim spenden. Kinderkleidung kann über einen Aushang in der Kita oder online angeboten werden. Gebrauchte Bücher bringen Sie zum Buchantiquariat Ihrer Wahl oder verkaufen sie ebenfalls im Internet. So sorgen Sie nicht nur für eine umweltgerechte Wiederverwertung Ihrer Sachen, sondern bekommen auch noch ein bisschen Geld dafür. Diesen Erlös könnten Sie dann in einem großen Familiensparschwein sammeln und davon gemeinsam etwas Schönes unternehmen.

> Zu viel Spielzeug im Kinderzimmer hemmt das kreative Spiel.

Tipp fürs Entrümpeln

Dinge, von denen Sie sich noch nicht so ganz trennen können, deponieren Sie einfach in einem verschlossenen Karton auf dem Dachboden oder im Keller. Wenn Sie den Inhalt der Schachtel nach einem halben Jahr nicht vermissen, können Sie sie getrost entsorgen.

Ordnung schaffen im Kinderzimmer

Prinzipiell gilt: Sie als Eltern entscheiden, wieviel Ordnung Sie im Kinderzimmer für angemessen halten. Seien Sie aber bitte nicht zu penibel, denn es ist normal, dass sich Ihr Kind beim Spielen ausbreitet oder auf der Suche nach einem bestimmten Legostein die ganze Kiste ausleert. Die Frage ist dann lediglich, wer das kreative Chaos wann wieder beseitigt. Bedenken Sie aber auch, dass ein überfrachtetes und chaotisches Zimmer ein Kind nervös machen kann.

Aufräumen will gelernt sein

Tipps fürs Aufräumen

- Sammeln Sie zu einem bestimmten Zeitpunkt (zum Beispiel kurz vor dem Abendessen) mit Ihrem Kind gemeinsam die Spielsachen ein. Ein angefangener Turm aus Bauklötzen, den Ihr Kind morgen weiterbauen möchte, oder ein Legohaus, auf das es stolz ist, darf natürlich stehenbleiben.
- Sorgen Sie für ein Ordnungssystem, das Ihr Kind leicht durchschaut. Dazu eignen sich zum Beispiel verschiedenfarbige, beschriftete oder mit Symbolen beklebte Kisten, die in ein Regal oder einen Schrank geschoben werden können.
- Die Aufforderung „Räum jetzt mal dein Zimmer auf" überfordert Vorschulkinder. Sagen Sie lieber: „Stell bitte die Bücher in das Regal und leg die Kleider auf den Stuhl." Je konkreter und einfacher die Aufgabe ist, desto lieber und schneller wird Ihr Kind sie erledigen.

Aufgaben verteilen und Absprachen treffen

Viele Probleme entstehen, weil sich oft niemand außer Mama für die Organisation des Familienalltags und des Haushalts zuständig fühlt. Kein Wunder, dass Mütter sich dann überfordert und alleingelassen fühlen. Abhilfe kann hier eine gute Aufgabenverteilung schaffen: Setzen Sie sich als Familie zusammen und überlegen Sie gemeinsam, wer welchen Teil übernimmt. Wer erklärt sich bereit,

- den Müll rauszubringen
- den Tisch zu decken
- die Spülmaschine auszuräumen
- den Hund zu füttern
- die Treppe zu fegen?

Je jünger Ihr Kind ist, desto einfacher sollte die ihm zugedachte Tätigkeit sein. Berücksichtigen Sie bei der Aufgabenverteilung die Wünsche Ihres Kindes. Will Ihr Sohn lieber die Treppe fegen statt den Tisch decken, gehen Sie darauf ein. Einfach deshalb, weil dann die Wahrscheinlichkeit höher ist, dass er seinen kleinen Job auch wirklich erledigt. Auch als Elternpaar sollten Sie sich darüber einigen, wer von Ihnen wann welche Aufgaben in Haus und Garten übernimmt. Oft bleiben Erwartungen an den Partner unausgesprochen, was zu Missverständnissen und Enttäuschungen führen kann.

Rituale erleichtern den Familienalltag

Auch wenn ein bisschen Chaos zum Leben dazugehört, hilft ein wenig Struktur durchaus, den Familienalltag zu erleichtern. Dafür ist es sinnvoll, Rituale in den Alltag einzubauen. Ein Ritual meint eine regelmäßige und nach einem bestimmten Schema ablaufende Handlungsfolge. Kinder lieben Rituale, da sie ihnen Sicherheit und Orientierung geben. Ein klar strukturierter Ablauf am Morgen und beim Zubettgehen kann helfen, vor allem wenn am Ende des Rituals noch ein kleines Highlight – wie in unserem Eingangsbeispiel die aktuelle Lieblingsgeschichte – auf Ihr Kind wartet.

> Ein fester Tagesablauf reduziert die alltäglichen Auseinandersetzungen.

Gemeinsam Regeln finden

Auch die bewusste Einführung bestimmter Regeln gibt Struktur. Beachten Sie dabei jedoch bitte Folgendes:

- Stellen Sie nur Regeln auf, die wirklich gut zu Ihnen und Ihrer Familie passen. Besprechen Sie diese Regeln mit Ihrem Partner und schreiben Sie sie dann auf. Formulieren Sie die Regeln positiv und realistisch – statt „Keiner darf im Wohnzimmer Schmutz machen", lieber: „Wir achten darauf, den Wohnzimmerboden sauber zu halten."

- Legen Sie auch fest, welche Regeln für wen gelten. Beachten Sie dabei bitte, dass ein älteres Kind immer ein bisschen mehr dürfen sollte als das jüngere. Geben Sie ein gutes Vorbild, indem Sie sich selbst an die von Ihnen aufgestellten Regeln halten.

- Überprüfen Sie immer mal wieder, ob Ihre Regeln noch zum Alter Ihrer Kinder passen. Mit älteren Kindern sollte man Regeln gemeinsam aufstellen.

- Und natürlich gilt: Ausnahmen sind erlaubt, denn sie bestätigen die Regel!

Ein Geschenk: Kindern Nähe und Geborgenheit geben

Was wirklich wichtig ist

3

Nach den eigenen Werten leben

Der Vater von Sarah (3 Jahre) und Lina (5 Jahre) hat zurzeit viel Stress in der Firma. *Sein Kollege ist krank und er muss viele zusätzliche Aufgaben übernehmen. Nachts schläft er kaum und mit seinen Töchtern ist er oft ungeduldig. Die beiden Mädchen finden es „doof", dass Papa im Moment keine Lust auf Toben und Kuscheln hat. Der Vater merkt, dass es so nicht weitergehen kann. Am liebsten würde er einfach mal nichts tun und alle Termine am Wochenende absagen. Aber darf er das? Mal nur rumhängen und faul sein? Kaum lässt er diesen Gedanken zu, hört er in seinem Kopf die Stimme seines Vaters: „Das Leben ist nun mal anstrengend! Jeder muss mit anpacken und sein Bestes geben!" Als er seiner Frau davon berichtet, meint sie: „Aber das ist doch nur die Ansicht deines Vaters. Klar, er musste nach dem Krieg seine Existenzgrundlage komplett neu aufbauen, aber wir doch nicht! Wir können auch mal ausspannen."*

Was dem Vater von Sarah und Lina passiert, trifft auf viele von uns zu: Wir leben unbewusst nach den Überzeugungen und Werten unserer Eltern und reiben uns dabei auf. Deren Ansichten haben sich tief und hartnäckig in unserer Psyche festgesetzt und prägen unser Leben oft viel mehr, als wir das für möglich halten. Diese unreflektierte Übernahme „alter" Werte kann eine ganze Familie belasten, wenn die tradierten Normen nicht mit denen der anderen Familienmitglieder übereinstimmen oder nicht mehr in das gemeinsame Leben passen.

Auch sogenannte Glaubenssätze machen Eltern manchmal das Leben schwer. Dabei handelt es sich um Überzeugungen, die wir im Laufe der Zeit entwickeln, weil wir bestimmte Erfahrungen gemacht haben. Klassische Glaubenssätze sind:

- Ich muss alles richtig machen, damit ich geliebt werde.
- Ich muss viel leisten, damit ich wahrgenommen und geschätzt werde.
- Ich muss mich anstrengen, sonst werde ich übersehen.

Diese Überzeugungen mögen zwar die logische Folge bestimmter Erlebnisse sein, schränken unser Verhaltensrepertoire aber erheblich ein und können auf Dauer schädlich sein. Deshalb ist es wichtig, immer mal wieder die eigenen Ansichten zu überprüfen: Stimmt es überhaupt, dass ich immer lieb sein muss? Mag mein Partner mich wirklich nicht mehr, wenn ich mal zickig reagiere? Kann mein Kind es nicht aushalten, wenn ich einfach nur auf dem Sofa liege und mich ihm nicht zuwende? Und wirft mich mein Chef tatsächlich gleich raus, wenn ich ihm freundlich meine Meinung mitteile? Solange wir

nicht kritisch überprüft haben, nach welchen Vorgaben wir leben und wessen Wünsche wir damit eigentlich erfüllen wollen, können wir nicht sicher sein, dass wir unsere eigenen Prioritäten setzen.

Formulieren Sie Ihre Glaubenssätze um

Prüfen Sie, nach welchen Idealen Sie wirklich leben wollen. Eine gute Möglichkeit, sich von überholten und einschränkenden Glaubenssätzen zu verabschieden, besteht in der positiven Umformulierung. So kann aus der Überzeugung „Ich muss immer perfekt sein" die Erlaubnis „Ich darf Fehler machen" werden. Der Glaubenssatz „Ich muss immer fleißig sein" lautet dann vielleicht: „Ich darf auch mal faul sein!". Und „Ich muss meine Bedürfnisse zurücknehmen" kann umformuliert werden in: „Ich darf fühlen, was ich fühle". Dadurch eröffnen sich neue Handlungsspielräume. Statt sich selbst etwas vorzuschreiben oder zu verbieten, erlauben Sie sich mehr. Das erweitert Ihr Verhaltensrepertoire und führt fast immer zu größerer innerer Freiheit und Gelassenheit. Davon profitieren nicht nur Sie selbst, sondern auch Ihre ganze Familie.

> Wir können die Glaubenssätze, nach denen wir leben, selbst wählen.

Erkennen Sie die eigenen Werte

Was ist Ihnen im Leben besonders wichtig? Um das herauszufinden, ergänzen Sie die folgenden Satzanfänge:

Ich lege besonderen Wert auf . . . .
In der Familie sollte jeder. . . . .
Ich wünsche mir eine Welt, in der . . . .
Ich finde folgende Charaktereigenschaften am wichtigsten: . . . .
Ich bin sehr enttäuscht, wenn mein Partner. . . . .
In der Erziehung ist mir besonders wichtig, dass . . . .
Meinem Partner ist besonders wichtig, dass wir . . . .

Prüfen Sie nun, welche der von Ihnen angegebenen Werte aus Ihrer Herkunftsfamilie stammen. Sind diese Überzeugungen noch richtig und passend für Sie? Oder gehören sie eigentlich über Bord geworfen? Um das herauszufinden, lohnt es sich, den Blick in Ihre Vergangenheit zu richten. Überlegen Sie, welche Gebote und Verbote in Ihrer Kindheit gegolten haben. Ergänzen Sie bitte spontan folgende Sätze:

Man darf auf keinen Fall . . . .
Man sollte immer . . . .
Man muss . . . .
Es ist gut, wenn . . . .
Es ist schlecht, wenn. . . . .

Was halten Sie heute von diesen Überzeugungen? Sind sie nicht mehr passend? Dann verändern Sie sie so, dass sie sich stimmig anfühlen, oder verabschieden Sie sich gleich von ihnen werfen. Ab einem gewissen Alter ist es notwendig, seine eigenen Prioritäten zu setzen. Und dazu gehört es manchmal, sich von Altem zu trennen.

Was wollen Sie Ihrem Kind mitgeben?

Welche Werte wollen Sie Ihrem Kind mitgeben? Was wollen Sie ihm vorleben? An welche Botschaften soll es sich später einmal erinnern? Schreiben Sie Ihre Gedanken dazu ruhig einmal auf, zum Beispiel:

- Ich möchte meinem Kind zeigen, dass man vielen Menschen vertrauen kann.
- Ich möchte meinem Kind vermitteln, dass es die meisten seiner Ziele erreichen kann.
- Ich möchte meiner Tochter vorleben, dass Mütter beruflich erfolgreich sein können.

Prüfen Sie, ob diese Botschaften realistisch sind und ob Sie diese Werte wirklich vermitteln und vorleben. Oft klaffen hier Theorie und Praxis auseinander. Und beachten Sie: Sätze wie „Ich möchte, dass mein Kind beruflich sehr erfolgreich sein wird" sind sogenannte Delegationen und belasten das Kind mit einer zu großen Aufgabe, die es oft nur mit Mühe erfüllen kann. Achten Sie auch auf Ihre unbewussten Botschaften. Oft erkennen wir diese erst, wenn unser Kind oder unser Partner uns entsprechende Rückmeldungen geben. Nehmen Sie deshalb vermeintliche Vorwürfe durchaus ernst und prüfen Sie, wo möglicherweise etwas Wahres daran ist.

Fördern oder überfordern?

Prüfen Sie auch zusammen mit Ihrem Partner, ob Sie dem mittlerweile fast selbstverständlich gewordenen Hang zur „Überförderung" von Kindern folgen wollen. Vielleicht sind Sie der Meinung, dass Ihr Kind auch später eingeschult werden kann? Haben Sie keine Lust, Ihr Kind ständig nur zum Lernen und Basteln anzuhalten? Dann stehen Sie dazu und lassen Sie Ihr Kind spielen und sich ausprobieren statt es von Termin zu Termin zu kutschieren. Wichtig ist nur, dass es allen in Ihrer Familie mit diesen Entscheidungen auf Dauer gut geht.

Kinder und Eltern genießen Ruheinseln im Alltag

Hektik am Morgen

4

Zeitmanagement und Entschleunigung für Familien

„Lina, beeil dich!", ruft die Mutter aus der Küche.
„Mach schnell! Wir müssen in fünf Minuten los. Ich muss heute unbedingt pünktlich im Büro sein." Lina (4 Jahre) sitzt im Schlafanzug in ihrem Zimmer auf dem Bett und blättert in ihrem neuen Lieblingsbuch, das sie vor ein paar Tagen von ihrer Oma geschenkt bekommen hat. Da sind so schöne Bilder drin. Der Schmetterling mit seinem schimmernden Grün, einfach toll. Und hier der Hase mit den lustigen Ohren ... „Lina! Kommst du jetzt?" Mama ruft schon wieder. Lina will nur noch einmal kurz umblättern, denn der Käfer auf der nächsten Seite ist auch interessant. „Lina!" Die Stimme der Mutter wird jetzt lauter. Lina springt vom Bett und greift nach ihrer Hose. Oje, jetzt wird Mama bestimmt mit mir schimpfen, denkt sie, und schlüpft hastig in die Jeans ...

Treiben Sie Ihr Kind auch immer wieder zur Eile an? Und nervt Sie das selbst ganz gewaltig? Dann geht es Ihnen wie vielen anderen Eltern auch. Besonders morgens ist die Stimmung oft hektisch und ungemütlich, gilt es doch, pünktlich zur Kita und zur Arbeit zu kommen. Doch gerade dann will die Tochter lieber noch ein Bild malen als sich anzuziehen und der Sohn kippt aus Versehen den Becher mit Kakao auf Mamas weiße Hose. Und das, obwohl es schon kurz vor knapp ist! Selbst die geduldigsten Eltern geraten in solchen Situationen an den Rand der Verzweiflung. Kein Wunder: Frustrationstoleranz und Geduld sinken merklich, wenn man unter Zeitdruck steht und gestresst ist. Da werden auch die freundlichsten Eltern mal strenger und lauter, als sie es eigentlich möchten.

Gut strukturiert den Tag beginnen

Ein hektischer Start in den Tag ist für alle Familienmitglieder mehr oder weniger unschön. Es gibt zwar kein Patentrezept, mithilfe dessen Sie garantiert einen entspannten Morgen zustande bringen. Aber wenn Sie folgende Punkte beherzigen, können Sie die morgendliche Atmosphäre durchaus verbessern:

- **Reduzieren Sie Ihren eigenen morgendlichen Stresslevel.** Wenn Sie sich selbst zu spät und noch müde aus dem Bett quälen, überträgt sich Ihre Stimmung sofort auf die anderen Familienmitglieder. Sorgen Sie also dafür, dass Sie morgens möglichst entspannt sind. Vielleicht gehen Sie etwas früher ins Bett, stehen dann auch ein wenig zeitiger auf und trinken zuerst einmal in Ruhe einen Kaffee, bevor Sie Ihr Kind wecken? Legen Sie dasselbe auch Ihrem Partner ans Herz, wenn dieser morgens Hektik verbreiten sollte.

- **Strukturieren Sie den Morgen gut durch.** Kalkulieren Sie für die morgendlichen Abläufe unbedingt genug Zeit ein. Und rechnen Sie bei Ihrem Kind lieber ein paar Minuten dazu, denn es ist entwicklungsbedingt langsamer als Sie. Wenn Sie davon ausgehen, dass Ihr dreijähriger Sohn innerhalb von fünf Minuten seine Zähne putzt und auf die Toilette geht, könnten Sie ihn damit überfordern.

- **Erklären Sie Ihrem Kind genau, wie sich der morgendliche Ablauf gestaltet.** Machen Sie dabei klare Angaben und achten Sie darauf, sich kindgerecht auszudrücken. Ein Vorschulkind kann nicht einschätzen, wie lange zwei oder fünf Minuten sind. Zeigen Sie dann lieber auf eine große Uhr und erklären Sie ihm: „Wenn der große Zeiger da oben steht, müssen wir am Tisch sitzen." Je freundlicher, klarer und zugewandter Sie sind, desto eher wird Ihr Kind gewillt sein, Ihren Anweisungen Folge zu leisten.

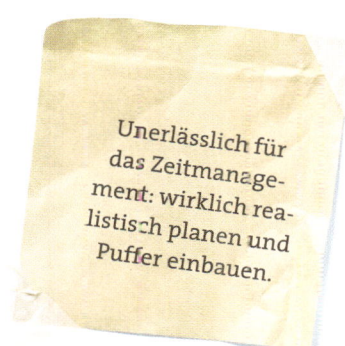

Unerlässlich für das Zeitmanagement: wirklich realistisch planen und Puffer einbauen.

Das kindliche Zeitbewusstsein

Lebenszeit ist ein wertvolles Gut – und gerade in Familien fast immer knapp bemessen. Kinder im Vorschulalter können die Zeit noch nicht richtig einschätzen. Ihr Zeitverständnis entwickelt sich erst. Es sagt einem Kindergartenkind nicht viel, wenn Sie ihm mitteilen, dass es innerhalb von fünf Minuten fertig angezogen sein sollte. Auch die Begriffe „gleich" und „bald" sind so vage, dass es damit noch nichts anfangen kann. Sie müssen sich also nicht wundern, wenn Ihr Kind nach der Ansage „In drei Minuten geht es los!" immer noch fröhlich

Gerade in stressigen Phasen hilft ein genauer Plan, was wann stattfinden soll.

vor sich hin trödelt, wenn diese Zeit verstrichen ist.

Achten Sie deshalb darauf, Ihrem Kind möglichst klar zu vermitteln, in welcher Reihenfolge was stattfinden soll: „Wenn du deine Zähne geputzt hast, kannst du bitte gleich deine Schuhe anziehen." Es empfiehlt sich, immer denselben Ablauf einzuhalten, denn dann entsteht Routine und Sie müssen nach einer Weile nicht mehr jeden einzelnen Schritt erklären.

Um Ihrem Kind eine gewisse Zeitspanne zu verdeutlichen, können sie ihm zum Beispiel eine große bunte Sanduhr kaufen: „Wenn der Sand durchgelaufen ist, ist es Zeit, den Schlafanzug anzuziehen." Alternativ lässt sich ein (nicht zu schriller) Wecker stellen. Eine gute Orientierung bietet auch der Bezug auf eine vorhergehende Tätigkeit: „Wenn du das Bilderbuch fertig angeschaut hast, machst du bitte das Licht aus." Auch längere Zeiträume kann Ihr Kindergartenkind noch nicht überblicken. Deshalb fragt es Sie auch im Auto oder in der Bahn, kaum dass Sie losgefahren sind: „Wann sind wir endlich da?" Und das Morgen ist für Ihr Kind ebenfalls noch ziemlich weit weg. Der Begriff wird dann für Ihr Kind verständlich, wenn Sie ihm sagen, dass es bis dahin noch einmal schlafen muss. Sollten Sie übermorgen zur Oma fahren, muss es eben noch zweimal schlafen.

7 Tipps für ein gutes Zeitmanagement

- **1. Wenn Ihnen gerade alles über den Kopf wächst, hilft ein kritischer Blick auf Ihren Terminkalender:** Welche Termine können Sie verschieben oder absagen? Vermeiden Sie es dabei, einer lästigen Termin durch einen anderen zu ersetzen. Die gewonnene Zeit sollte für Erholung und Spaß zur Verfügung stehen. Und: Kann das Kinderturnen oder die Ballettstunde auch mal ausfallen? Manchmal brauchen auch Kinder eine Auszeit!

- **2. Achten Sie darauf, dass Ihnen und Ihrer Familie ausreichend unverplante Zeit zur Verfügung steht:** Kinder und Erwachsene brauchen Phasen, in denen sie sich einfach treiben lassen können. Ob Sie eine Kuschelstunde auf dem Sofa, einen Badewannennachmittag oder einen Waldspaziergang einlegen, ist dann Ihre ganz spontane Entscheidung.

- **3. Haben Sie keine Angst vor Langeweile:** Sie müssen Ihr Kind nicht ständig unterhalten. Kinder wollen auch einfach mal in Ruhe vor sich hin spielen und dürfen sich auch mal langweilen. Dann sind sie gefordert, selbst aktiv und kreativ zu werden. Und das fällt Kindern ja nicht schwer!

- **4. Versuchen Sie, jeden Tag bewusst etwas Schönes mit Ihrer Familie zu unternehmen:** Das kann ein kleiner Spaziergang oder eine gemütliche Vorlesestunde sein. Genießen Sie diese gemeinsame Zeit. Dann stellt sich auch das Gefühl ein, nicht immer nur irgendwelchen Pflichten hinterherzulaufen.

- **5. Bauen Sie zeitliche Puffer ein:** Sie wollen noch einkaufen gehen? Es kann sein, dass vor Ihnen eine lange Schlange an der Kasse wartet. Rechnen Sie einfach zehn Minuten mehr ein. Wenn es dann doch schneller geht als gedacht – umso besser. So gewinnen Sie Zeit statt sie zu verlieren.

- **6. Gehen Sie Kompromisse ein:** Erst arbeiten, dann die Tochter von der Kita abholen, die Wohnung aufräumen, den Sohn zum Sport bringen, einkaufen gehen und abends das frisch zubereitete Essen servieren? Machen Sie Abstriche! Die Wohnung darf ruhig mal unordentlich sein. Und es gibt mittlerweile auch gesunde Tiefkühlkost.

- **7. Bauen Sie kleine Pausen in den Alltag ein:** Fünf Minuten an die frische Luft gehen, sich zehn Minuten auf das Sofa legen oder einfach ganz bewusst ein- und ausatmen – es sind diese kleinen Momente, die uns innerlich beruhigen und stärken. Je stressiger der Tag, desto wichtiger sind diese „Mini-Oasen".

Seien Sie nachsichtig, wenn Ihr Kind die Zeit verbummelt oder nicht richtig einschätzen kann. Bis es mit unserem abstrakten Zeitbegriff umgehen kann, dauert es noch ein paar Jahre. Abgesehen davon, dass auch Erwachsene sich ganz schön in der Zeit vertun können. Sicher haben Sie selbst schon einmal erlebt, dass Sie in ein interessantes Gespräch vertieft waren und nicht merkten, wie die Zeit verflog …

Eltern brauchen Zeiten, in denen sie sich als Paar begegnen

Mein Job, die Familie und ich

5

So beugen Sie einem Burn-out vor

Die Familie sitzt am Sonntag beim Abendessen. *Die Mutter von Marie (4 Jahre) und Sophie (6 Jahre) ist nicht ganz bei der Sache, denn sie denkt an die Woche, die vor ihr liegt: Vormittags arbeitet sie in einer Buchhandlung, mittags eilt sie nach Hause, um für Sophie zu kochen, die um 13 Uhr aus der Schule kommt. Um 14 Uhr muss sie Marie von der Kita abholen. Nachmittags bringt sie ihre Töchter dann zum Turnen, zum Ballett oder zu einer Freundin. Sophie braucht täglich Hilfe bei den Hausaufgaben. Einmal in der Woche gönnt sich die Mutter eine Stunde im Fitnessstudio. Und zwischendurch? Da muss sie den Haushalt in Ordnung halten, Wäsche waschen, einkaufen gehen. Und dann steht da noch der wichtige Zahnarztbesuch an. Manchmal ist ihr das alles zu viel und sie würde sich am liebsten im Bett verstecken und die Decke über den Kopf ziehen. Aber das geht ja nicht ...*

ir leben in einer rasanten Zeit, in der es um Leistung, Erfolg und Geld geht. Viele Mütter sind berufstätig und sehr stark eingespannt. Da ist es kein Wunder, dass immer mehr Eltern Burn-out-gefährdet sind. Oft ist es nur eine Frage der Zeit, bis ein Elternteil sein Pensum nicht mehr erfüllen kann und sich ausgebrannt fühlt. Dann hilft es, sich bestimmte Zusammenhänge klarzumachen und ein paar grundsätzliche Regeln zu beachten.

Die häufigsten Ursachen von Burn-out

Nicht jeder Mensch, der viel um die Ohren hat, ist gleichermaßen der Gefahr eines Burn-outs ausgesetzt. Vielmehr gibt es ein paar Faktoren, die eine Erschöpfungsdepression begünstigen:
Dazu gehören zum einen **unrealistisch hohe Anforderungen und Perfektionismus.** Wer sich permanent unter Druck setzt, um Höchstleistungen abzuliefern, der überfordert sich. Das geht auf Dauer an die Substanz. Prüfen Sie kritisch, inwieweit Ihr Selbstwert allein von Ihrem Erfolg abhängt. Wenn Sie merken, dass Sie Misserfolge schwer verkraften, sollten Sie sich damit intensiver befassen und überlegen, woher das kommt und wie Sie das ändern können.

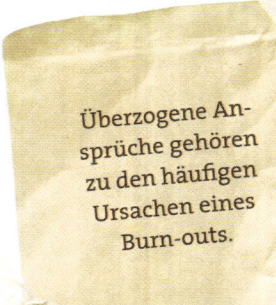

Überzogene Ansprüche gehören zu den häufigen Ursachen eines Burn-outs.

Auch übertriebenes Verantwortungsbewusstsein ist auf Dauer ungesund. Wer sich ständig um andere kümmert, sich selbst dabei aber zunehmend aus dem Blick verliert, ist zwar oft beliebt, beutet sich aber selbst aus und verliert an Energie. Da Elternschaft ja ohnehin zum Teil daraus besteht, sich zugunsten der Kinder zurückzunehmen, sind insbesondere Mütter gefährdet. Achten Sie darauf, in einem gesunden Maß egoistisch zu bleiben und beachten Sie die Tipps zur Selbstfürsorge (siehe Kapitel 6).
Mangelnde Anerkennung kann ebenfalls mit ein Grund für ein Burn-out sein. Wer viel gibt und dafür nur sehr wenig oder gar kein positives Feedback erhält, kann schneller in eine Erschöpfungsdepression fallen. Auch hier stellen Mütter eine Risikogruppe dar: Wer lobt schon ständig, dass die Wäsche gewaschen, das Kind gut erzo-

gen oder das Bad geputzt ist? Fordern Sie hin und wieder eine anerkennende Rückmeldung ein, zum Beispiel von Ihrem Partner. Und machen Sie sich selbst klar, was Sie alles schaffen. Auch das ist eine gute Möglichkeit, sich zu stärken und widerstandsfähig zu bleiben: die eigene Leistung angemessen zu würdigen!

7 Tipps, um einem Burn-out vorzubeugen

1. Kümmern Sie sich gut um Ihr leibliches Wohl. Trinken Sie täglich zwei bis drei Liter Flüssigkeit und ernähren Sie sich ausgewogen. Das ist gut für Nerven, Organe, Konzentrationsfähigkeit und Ausdauer.

2. Sorgen Sie für ausreichend Schlaf. Wer dauerhaft zu wenig oder unruhig schläft, ist nervlich schnell angeschlagen. Wenn Sie unter Schlafstörungen leiden, sprechen Sie mit Ihrem Arzt. Da Schlafprobleme oft psychische Ursachen haben, kann auch psychologische Unterstützung hilfreich sein.

Sorgen Sie gut für sich selbst. Davon profitieren nicht nur Sie, sondern auch Ihre Kinder.

3. Suchen Sie Entlastung im Alltag. Sagen Sie öfter Nein, bitten Sie um Hilfe und delegieren Sie Aufgaben!

4. Reden Sie offen über Probleme und lösen Sie Konflikte. Wer immer alles in sich hineinfrisst, wird auf Dauer krank. Besprechen Sie Sorgen, Ängste und Probleme mit Ihrem Partner oder guten Freunden. Das entlastet nicht nur, sondern hilft auch dabei, Lösungen für die Probleme zu finden und Konflikte zu klären.

5. Hören Sie auf Ihre Körpersignale. Haben Sie oft Schulterprobleme? Dann laden Sie sich vielleicht zu viel Verantwortung auf. Leiden Sie unter Magen-Darm-Beschwerden? Dann sollten Sie sich fragen, was Ihnen schwer im Magen liegt. Ihr Körper weiß mehr über Sie, als Sie glauben!

6. Prüfen Sie Ihre Ansprüche und überlegen Sie, nach welchen Glaubenssätzen Sie leben. Häufige Glaubenssätze sind: „Wenn ich es nicht

HEUTE GEHT ES LEIDER GAR NICHT, HIER IST DIE HÖLLE LOS!

mache, macht es keiner" – „Ich bin zuständig für das Glück der anderen" – „Ich darf nicht versagen". Überlegen Sie, woher diese Vorstellungen kommen und ob Sie sie wirklich für richtig und angemessen halten. Wer nach solchen Ansprüchen lebt, lebt auf Dauer gefährlich.

7. Arbeiten Sie an einer liebevollen inneren Haltung. Viele Erwachsene gehen streng mit sich ins Gericht, wenn sie nicht so funktionieren, wie sie es selbst von sich erwarten. Zeigen Sie sich selbst gegenüber verständnisvoll, wenn Ihnen etwas nicht gelingt. Seien Sie milde und gütig im Umgang mit sich selbst und Ihrer ganz normalen Fehlbarkeit. Mir Ihrem Kind schimpfen Sie doch auch nicht, wenn sein Turm umfällt, obwohl es ihn noch höher bauen wollte.

Wenn die Anforderungen die eigenen Kräfte übersteigen, droht Erschöpfung

Nur müde oder schon erschöpft: Wie gestresst bin ich?

Fühlen Sie sich oft mit allem überfordert?	❏ Ja	❏ Nein
Haben Sie häufig das Gefühl von Hilflosigkeit?	❏ Ja	❏ Nein
Neigen Sie dazu, alles perfekt machen zu wollen?	❏ Ja	❏ Nein
Fühlen Sie sich oft allein oder alleingelassen?	❏ Ja	❏ Nein
Haben Sie häufig Nacken-, Kopf- oder Rückenschmerzen?	❏ Ja	❏ Nein
Belastet Sie die Verantwortung, die sie tragen?	❏ Ja	❏ Nein
Haben Sie manchmal den Eindruck von Gefühllosigkeit?	❏ Ja	❏ Nein
Leiden Sie unter Schlafstörungen?		❏ Nein
Stehen Sie ständig unter Termindruck?	❏ Ja	❏ Nein
Haben Sie erhöhten Blutdruck ohne medizinische Ursache?	❏ Ja	❏ Nein
Haben Sie oft Konzentrationsprobleme?	❏ Ja	❏ Nein
Fürchten Sie manchmal, die Kontrolle zu verlieren?	❏ Ja	❏ Nein
Machen Sie häufig „gute Miene zum bösen Spiel" und schlucken Ärger oder Wut hinunter?	❏ Ja	❏ Nein
Fällt es Ihnen schwer, nach getaner Arbeit abzuschalten und zu entspannen?	❏ Ja	❏ Nein
Trinken Sie regelmäßig Alkohol oder nehmen Sie Tabletten, um „runterzukommen"?	❏ Ja	❏ Nein

Wenn Sie **1 bis 5 Mal** mit Ja geantwortet haben, befindet sich Ihr Stresslevel gerade noch im grünen Bereich. Achten Sie unbedingt auf eine gesunde Lebensführung und ausreichend Schlaf. Finden Sie heraus, was Sie am meisten belastet, und versuchen Sie, Abhilfe zu schaffen. Wenn Sie **6 bis 10 Mal** mit Ja geantwortet haben, ist Ihr Stresspegel phasenweise schon recht hoch. Finden Sie mehr Kraftquellen im Alltag und spüren Sie die Energiefresser auf (siehe Kapitel 6). Sprechen Sie mit guten Freunden über Ihre Situation und sorgen Sie für mentale und praktische Entlastung. Achten Sie gut auf sich. Wenn Sie **11 Mal oder öfter** mit Ja geantwortet haben, ist Ihr persönlicher Stresslevel bedenklich hoch. Hier läuft etwas grundlegend schief. Suchen Sie sich gegebenenfalls professionelle Hilfe. Auch Ihre Familie wird es Ihnen danken.

Den Blick für das Schöne zu schärfen, stärkt die Lebensfreude

Sich Gutes tun

6

Selbstfürsorge für Mütter und Väter

Zwei Kinder, ein herausfordernder Job und ein großes, gemütliches Haus – *die Mutter von Lea (5 Jahre) und Paul (7 Jahre) hat viel zu tun. Außerdem singt sie im Chor und ist im Elternbeirat der Schule aktiv. Alle kennen sie als engagierte, fröhliche und hilfsbereite Frau. Wie schafft sie das nur? In ihrem Alltag gibt es ein festes Ritual: Jeden Tag tankt sie nach dem Mittagessen bei einem zwar kurzen, aber zutiefst erholsamen Mittagsschlaf auf. Die Kinder kennen diese Regel und sind es gewohnt, darauf Rücksicht zu nehmen. Sie freuen sich, wenn die Mutter entspannt ist und sich ihnen am Nachmittag wieder widmen kann. Paul meint: „Wenn die Mama wiederkommt, hat sie immer gute Laune und wir machen dann was Schönes zusammen."*

Gerade in stressigen Zeiten ist es wichtig, Selbstfürsorge zu betreiben. Dazu gehört es, die eigenen Bedürfnisse zu spüren und ernst zu nehmen. Das fällt Müttern und auch Vätern, die mehr oder weniger daran gewöhnt sind, die Wünsche ihres Kindes über ihre eigenen zu stellen, oft schwer. Solange das Kind sehr klein ist, geht das auch nicht anders: Säuglinge müssen gestillt werden, wenn sie Hunger haben, und gewärmt werden, wenn sie frieren. Sie können diese Bedürfnisse nicht selbst befriedigen und diese elementare Bedürfnisbefriedigung kann auch nicht aufgeschoben werden. Das heißt aber nicht, dass Eltern nur noch das Wohl des Kindes im Blick haben und ihre eigenen Bedürfnisse dabei völlig ignorieren sollten.

> Selbstfürsorge ist kein Egoismus, sondern bedeutet, für sich und die eigene Gesundheit Verantwortung zu übernehmen.

Auch Eltern sind bedürftig

Leider neigen viele Eltern dazu, die Signale ihrer Seele und ihres Körpers nach Erholung, Ruhe oder auch nach Zuwendung und Zärtlichkeit konsequent hintanzustellen. Chronische Müdigkeit, häufige Kopfschmerzen oder zunehmende Unzufriedenheit sind oft die Folge. Nicht selten geraten außerdem die ganz persönlichen Wünsche aus dem Blick, weil Eltern so stark mit der Bewältigung des (Familien-)Alltags beschäftigt sind. Oder weil sie davon ausgehen, dass ihre Träume ohnehin nicht wahr werden können. Damit schneiden sie sich von einer wichtigen Kraftquelle ab: In unseren Wünschen stecken immer wichtige Hinweise darauf, welche Potenziale noch in

Körperliche Entspannungstechniken helfen, das innere Gleichgewicht zu finden

uns schlummern und gelebt werden wollen. Und welche Träume wir noch nicht verwirklicht haben.

Seien Sie öfter stolz auf das, was Sie geschafft haben. Ist wieder ein Tag gut gelaufen? Hatten Sie Spaß mit Ihrem Kind? Haben Sie etwas Leckeres gekocht? Prima! Schätzen Sie Ihre Leistung und lassen Sie sich auch mal von anderen auf die Schulter klopfen. Wenn Ihre Familie das nicht von alleine tut, dann holen Sie sich Feedback ein: „Hat euch das Essen geschmeckt?" oder „Guckt mal, wie viel ich heute aufgeräumt habe und wie gemütlich wir es jetzt haben". Es tut Ihnen und Ihrem Partner gut, wenn Sie sich gegenseitig immer wieder zeigen, wie sehr sie die Arbeit des anderen wertschätzen.

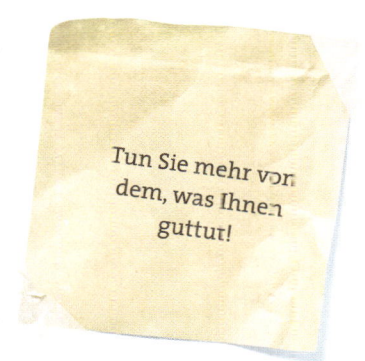

Tun Sie mehr von dem, was Ihnen guttut!

Entspannte Eltern – entspannte Kinder

Wenn es den Eltern gut geht, geht es auch den Kindern gut. Das ist leichter gesagt als umgesetzt. Erwachsene müssen oft mühevoll lernen, einen liebevollen Umgang mit sich selbst zu finden. Viele Mütter und Väter erwarten (zu) viel von sich und setzen sich dabei selbst unter Druck. Diese Selbstausbeutung muss jedoch nicht sein und ist auch gar nicht hilfreich – für keinen in der Familie. Wer immer nur daran denkt, was noch zu schaffen und zu erledigen ist, und sich nicht über (kleine) Erfolge freuen kann, wird zum Dauergestressten.

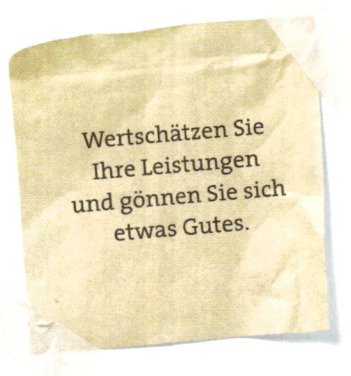

Wertschätzen Sie Ihre Leistungen und gönnen Sie sich etwas Gutes.

Zur Freude über das, was man täglich leistet, gehört es auch, sich einfach mal auf seinen Lorbeeren auszuruhen und richtig zu entspannen.

Wie man das lernt? Zum einen: Schauen Sie sich dieses Verhalten bei Ihrem Kind ab. Kinder freuen sich, wenn es ihnen gelungen ist, einen hohen Turm zu bauen. Sie sind stolz auf das Schloss, das sie mit Wasserfarben gemalt haben. Und sie holen sich Bestätigung, wenn sie sie brauchen: „Guck mal, Mama, was ich gemalt habe!"

Außerdem können sie in aller Regel fröhlich entspannen, einfach mal „chillen" und selbstvergessen vor sich hin spielen. Zum anderen: Erinnern Sie sich an unser Eingangsbeispiel? Leas und Pauls Mutter hat für sich konsequent einen Mittagsschlaf eingeführt. Die Kinder kennen dieses Ritual, halten sich daran und freuen sich auf den Nachmittag. Kinder lieben entspannte Eltern – denn diese

Kraftquellen finden und Energiefresser vertreiben

- **An welchen Orten können Sie gut Energie auftanken** (zum Beispiel im Wald, am See)? Besuchen Sie diese Orte, so oft es geht.

- **Wann fühlen Sie sich besonders energiegeladen** (zum Beispiel nach dem Sport, beim Toben mit den Kindern)? Genießen Sie die Kraft, die Sie in Ihrem Körper spüren, ganz bewusst.

- **Wie sähe der ideale Ort aus, an dem Sie sich erholen können?** Schließen Sie die Augen und malen Sie sich diesen Platz genüsslich aus. Verweilen Sie dort ein bisschen und genießen Sie die Ruhe und Wärme. Vorteil dieser kraftspendenden Imaginationsübung: Sie können sie immer und überall durchführen.

- **Was gibt Ihnen Schwung, was gibt Ihnen neue Energie** (Joggen, Yoga, Kuscheln)? Gönnen Sie sich mehr davon!

- **Was müsste passieren, damit Ihr Leben nicht mehr so anstrengend ist?** Bitte schränken Sie Ihre Überlegungen nicht gleich ein, weil Sie denken: Das geht ja ohnehin nicht. Schreiben Sie alles auf, was Ihnen auf diese Frage einfällt. Nehmen Sie sich die Liste ein paar Tage später noch einmal vor und überlegen Sie, was Sie davon umsetzen könnten. Oft gibt es mehr Stellschrauben, an denen wir zum Stressabbau drehen können, als wir glauben.

- **Was stresst Sie momentan am meisten?** Was genau strengt Sie an? Könnte es sein, dass es Ihre eigene Anspruchshaltung ist? Versuchen Sie, Ihre Haltung zu ändern, indem Sie milder mit sich selbst sind.

- **Was raubt Ihnen unnötig viel Energie?** Warum lassen Sie das zu? Was können Sie tun, damit diese Energiefresser verschwinden?

Ruhe und Stille kommen im Alltag oft zu kurz

schimpfen weniger und lachen öfter. Und außerdem kann man mit ihnen viel besser spielen, Spaß haben und herumtollen. Und das brauchen Kinder für eine gute Entwicklung.

Zeit für mich – Zeit für den Partner

Viele Eltern leiden darunter, dass ihr Liebes- und Eheleben wegen der alltäglichen Verpflichtungen zu kurz kommt oder vielleicht sogar komplett einschläft. Hier gibt es Hilfe: Verabreden Sie sich als Paar in regelmäßigen Abständen, setzen Sie sich dann zusammen und versuchen Sie, ausschließlich über Sie beide zu reden. Bei diesem Ritual soll es einmal nicht um die Belange der Kinder, das Auto oder den Wocheneinkauf gehen, sondern ausschließlich um Ihre Befindlichkeit. Jeder sollte nur von sich sprechen: Was beschäftigt mich gerade, was freut mich, was bedrückt mich, was fehlt mir? Dabei haben beide etwa gleich viel Zeit, von sich zu erzählen. Der Partner ist nicht verpflichtet, etwas dazu zu sagen. Er darf einfach nur zuhören und spüren, was passiert, wenn sein Gegenüber ihm seine Gefühle und Gedanken offenbart.

Liebevoller Körperkontakt stärkt die familiären Beziehungen

Hauptsache, Kontakt

7

Familie heißt, in Beziehung sein

Lisa (4 Jahre) will nicht ins Bett gehen. *Lieber möchte sie noch ihren Turm fertig bauen. „Nein!", sagt sie bestimmt. „Ich bin nicht müde, ich will nicht schlafen!" Mit viel Geduld kann ihre Mutter sie dazu überreden, sich hinzulegen. Dann liest sie ihr noch eine Geschichte vor. Als die Mutter das Buch zuklappt, will Lisa wieder aufstehen. „Nein", sagt Mama bestimmt, „das geht nicht. Ich möchte, dass du im Bett bleibst und schläfst, sonst bist du morgen sehr müde." – „Du bist doof, Mama!", schmollt Lisa. Ihre Mutter lacht: „Ja, Lisa, Mamas müssen manchmal doof sein. Aber ich weiß, dass du deinen Schlaf brauchst. Morgen ist wieder ein neuer Tag, auf den du dich freuen kannst. Schlaf schön, meine Lisa, ich hab dich lieb!" Sie streicht ihrer Tochter über den Kopf und steht auf. Lisa nimmt ihren Teddy in den Arm und dreht sich auf die Seite: „Na gut. Dann bis morgen, du liebe, doofe Mama!"*

Säuglinge brauchen besonders viel liebevolle körperliche Zuwendung und die ungeteilte Aufmerksamkeit ihrer Bezugspersonen. Nicht nur, weil sie völlig abhängig und auf die Versorgung durch ihre Eltern angewiesen sind, sondern auch, um ein stabiles Selbstbild und ein gutes Selbstwertgefühl aufzubauen. Wenn ein Baby immer wieder spürt, dass es willkommen ist und liebevoll umsorgt wird, kann es Vertrauen in die Welt und die Menschen entwickeln. Die Bindungsforschung konnte nachweisen, dass ein Kind nur dann wirklich selbstständig werden kann, wenn es eine gute Bindung zu mindestens einer Bezugsperson hat. Und umgekehrt: Nur, wenn es genügend Freiräume bekommt, kann es sich in der Beziehung zu Mutter und Vater richtig wohlfühlen.

> Babys entwickeln Vertrauen, wenn ihre Bedürfnisse unmittelbar befriedigt werden.

Aufmerksamkeit, Zuwendung, Körperkontakt

Doch nicht nur Babys brauchen die liebevolle Aufmerksamkeit anderer Menschen, um sich in ihren Beziehungen und der Welt sicher fühlen zu können. Auch ältere Kinder und Erwachsene haben dieses Bedürfnis. Das ist menschlich und normal. Menschen sind soziale Wesen und insofern aufeinander angewiesen. Von der eigenen

„Herde" nicht akzeptiert oder sogar ausgestoßen zu werden, wird als existenziell bedrohlich erlebt. Und das zu Recht. Leider neigen wir manchmal dazu, unsere Bedürftigkeit und die Bedürftigkeit anderer zu übersehen oder zu übergehen. Doch je besser wir uns selbst kennen, desto besser können wir auch unsere Bedürfnisse (und die der anderen) spüren, aussprechen und befriedigen.

„Ich hab dich lieb!" – emotional verbunden

In Familien findet nicht nur die Versorgung der Kinder statt, sondern auch ein Hauptteil ihrer emotionalen Bedürfnisbefriedigung. Dazu gehören zärtlicher Körperkontakt wie Kuscheln oder Streicheln genauso wie sich füreinander zu interessieren, miteinander zu reden und sich zuzuhören. Mütter und Väter bemühen sich, ihr Kind zu verstehen, ihm gut zuzuhören, es zu „lesen". So spürt das Kind, dass seine Botschaften ankommen und dass andere Menschen an seiner Befindlichkeit interessiert sind. Außerdem schaut sich das Kind das aufmerksame und einfühlsame Verhalten bei den Eltern ab und ist so später in der Lage, ebenfalls aufmerksam und einfühlsam gegenüber anderen zu sein. Grundsätzlich ist es wichtig, die Bedürfnisse von Kindern wahrzunehmen und auf sie einzugehen. Das bedeutet aber nicht, dass diese Bedürfnisse immer erfüllt werden müssen. Ab dem Alter von etwa zwei bis drei Jahren sollte ein Kind auch manchmal liebevoll frustriert werden, damit es nicht zum narzisstischen „Herrscher" in der Familie wird. Wichtig ist es dass Sie Ihr Kind mit all seinen Eigenschaften und Bedürfnissen sehen – mit dem, was es mitbringt, was es beschäftigt und was es gerade fühlt – und es mit all diesem annehmen.

Ältere Kinder müssen lernen damit umzugehen, dass ihre Wünsche und Bedürfnisse nicht immer erfüllt werden können.

Keine Angst vor Gefühlen

Mit Menschen in einer intensiven Beziehung zu stehen bedeutet zwangsläufig, dass eine Menge Emotionen freigesetzt werden. Das können schöne, liebevolle Gefühle sein wie Freude und Glück. Aber auch unerwünschte Gefühle wie Ärger oder Zorn gehören naturgemäß dazu. Die anderen Familienmitglieder verhalten sich nicht immer so, wie es für uns gerade angenehm wäre. Da will der Sohn den Blumenkohl nicht essen, die Tochter bummelt morgens endlos herum und der Partner hat vergessen, das Brot mitzubringen. Das kann uns hilflos oder ärgerlich machen.

Eine häufige Folge davon ist Wut. Sie entsteht zum Beispiel dann, wenn sich jemand in seiner Integrität verletzt fühlt. Wut ist ein Komplementärgefühl zur Traurigkeit. Das bedeutet, dass sich unter der Wut oft auch Traurigkeit versteckt (und umgekehrt!).

Zuwendung von Papa macht Kinder glücklich

Mit sich und der Familie in echten Kontakt kommen

Prüfen Sie hin und wieder, wie Sie mit Ihren Gefühlen umgehen und wie kompetent Sie dabei sind:

- Erlauben Sie sich auch mal traurig zu sein? Wie gehen Sie dann damit um?

- Wie zeigen Sie Ihrem Kind und Ihrem Partner, dass Sie glücklich sind?

- Woran merkt Ihre Familie, dass Sie schlechte Laune haben oder unzufrieden sind? Wie gehen Sie damit um? Übernehmen Sie die Verantwortung für Ihre Missstimmung oder geben Sie anderen dafür die Schuld?

- Wie sorgen Sie dafür, dass Sie viel Freude in Ihrem Leben haben können?

- Wie ernst nehmen Sie Ihre Gefühle?

- Was muss Ihr Kind bzw. Ihr Partner tun, damit Sie wütend werden? Woher kommt diese Wut? Hat diese Wut eventuell auch etwas mit Ihrer Kindheitsgeschichte zu tun?

- Bedenken Sie, dass Sie auch in puncto Gefühle ein Vorbild für Ihr Kind sind. Es lohnt sich also schon deshalb, sich mit seinem eigenen Gefühlsleben zu beschäftigen.

Wut ist Selbstschutz und Hilfeschrei in einem. In der Wut liegt jedoch auch eine Menge Lebensenergie, die nicht generell unterdrückt werden sollte.

Grundsätzlich gilt: Wer wütend ist, darf auch wütend sein. Das soll nicht heißen, dass jedes Familienmitglied seinen Zorn rücksichtslos auslebt. Doch bringt es nichts, Gefühle von Wut und Ärger prinzipiell zu verbieten oder zu unterdrücken. Nur wer seine Wut spüren darf, kann lernen, damit umzugehen und sie in etwas Positives umzuwandeln.

> Sprechen Sie mit Ihrem Kind über seine Wut. So lernt es besser, mit ihr umzugehen.

„Ich sehe, dass du ärgerlich bist" oder „Oh, du bist aber ganz schön sauer. Was hat dich so wütend gemacht?" sind Sätze, die – freundlich ausgesprochen – nicht nur einem Kind auf liebevolle Weise vermitteln, dass es in seiner emotionalen Not gesehen und akzeptiert wird. Und das ist wichtig für eine sichere Bindung: Den anderen auch dann annehmen, wenn er sich anders verhält, als man sich das wünscht. Dann kann er sich sicher sein, dass er auch mit unerwünschten Gefühlen wie Wut oder Zorn geliebt wird.

Konflikte gehören zum Familienleben dazu

8

Von Ärger, Trotz und Stress

Typische Familienkonflikte konstruktiv lösen

Miron (5) ist sauer. *Vorhin hat sein Freund Moritz sein Papierflugzeug kaputtgemacht, und jetzt muss er auch noch rein gehen und zu Abend essen. Er hat aber überhaupt keine Lust dazu und trampelt vor Ärger laut im Treppenhaus herum. Seine Mutter ist überrascht: „Miron, du bist ja ganz wütend. Was ist denn passiert?" Tränen laufen ihm über das Gesicht: „Ich hasse Moritz, ich spiele nie mehr mit dem. Der hat meinen Flieger kaputtgemacht. Und außerdem hab ich keinen Hunger!", schreit er. Mama beugt sich zu ihm und sagt: „Ja, das ist auch wirklich schlimm mit deinem Flugzeug. Komm her zu mir!" Sie streckt die Arme nach ihm aus. Miron schluchzt, lehnt sich vorsichtig an seine Mutter. „Alles ist doof, Mama! Und ich will auch nichts essen!" „Jetzt komm erstmal rein, Miron, und dann sehen wir weiter." Miron schnieft noch ein bisschen und folgt seiner Mutter in den Flur ...*

Der Familienalltag kann nicht nur harmonisch und reibungslos verlaufen. Ärger und Konflikte gehören zum Leben dazu. In jeder Familie gibt es immer wieder Auseinandersetzungen zu bestimmten Themen. Das ist auch nicht weiter schlimm, denn sie geraten in aller Regel schnell wieder in Vergessenheit. Und jedes Kind erlebt auf seinem Weg zu mehr Selbstständigkeit öfter Situationen, die es traurig oder wütend machen.

Etwa im Alter von zwei Jahren entdecken Kinder, dass es außerhalb der Beziehung zu ihren Eltern noch viele andere tolle Sachen zu entdecken gibt. Sie beginnen sich für die „Welt da draußen" zu interessieren, werden immer neugieriger und mutiger. Dann läuft ein Kind zum Beispiel auf dem Spielplatz voller Forscherdrang weiter von seiner Mutter weg als bisher. Es vergrößert seinen Handlungsradius und seinen Erfahrungshorizont. Und das ist gut so. Gleichzeitig birgt das Unbekannte für das Kind auch neue Konfliktquellen und macht ihm ein bisschen Angst. Deshalb muss es nach seinen kleinen Expeditionen immer wieder schnell bei der Mutter andocken können. Auf diese Weise vergewissert es sich: „Ich kann hinaus in die Welt gehen, etwas Neues erleben und jederzeit wieder zurück zu Mama (oder Papa) kommen." Auch ältere Kinder brauchen die Möglichkeit, immer wieder bei den Eltern auftanken zu können.

Die sogenannte Trotzphase fordert Eltern heraus, ist aber eine wichtige Etappe auf dem Weg zur kindlichen Selbstständigkeit.

So helfen Sie Ihrem Kind

- Signalisieren Sie Ihrem Kind, dass Sie seine Wut und Verzweiflung sehen und es auch unter diesen Umständen lieb haben – so wie Mirons Mutter in unserem Eingangsbeispiel.

- Nehmen Sie die Bedürfnisse Ihres Kindes ernst. Das heißt nicht, dass Sie ihm alle Wünsche erfüllen müssen. Es muss Schritt für Schritt lernen, ein Nein zu akzeptieren und mit dieser Enttäuschung umzugehen.

- Am leichtesten erträgt ein Kind frust, wenn seine existenziellen Bedürfnisse nach Nahrung, Nähe, Zuwendung und liebevollem Körperkontakt erfüllt sind. Wenn ein Kind im tiefsten Inneren weiß, dass die Eltern es gut mit ihm meinen, kann es lernen, auch Enttäuschungen zu verkraften.

- Kindlicher Trotz ist kein tyrannisches Verhalten, sondern in erster Linie ein Versuch der Selbstbehauptung. Ein trotziges Kind ist kein ungehorsames, sondern ein überfordertes und hilfloses Kind. Es sollte in seinem Ärger nicht ignoriert oder gar weggeschickt werden. Denn dann lernt es: „Wenn ich nicht brav bin, werde ich verstoßen."

Wie mit trotzigem Verhalten umgehen?

Kinder entwickeln ab dem Alter von zwei bis drei Jahren verstärkt ihren eigenen Willen. Sie können sich immer besser von den Eltern abgrenzen und ihre eigenen Bedürfnisse spüren. Und die sind eben nicht immer so, wie Mama und Papa das gerne hätten. Das Kind soll ins Bett gehen? „Ich will aber nicht!" Es soll sich anziehen? „Nicht die lange blaue, sondern die kurze rote Hose!" Der Klassiker: Das Kind wirft sich vor der Supermarktkasse vor Wut auf den Boden, weil die Mutter ihm keinen Lutscher kaufen will.

> Den Umgang mit Frust und Enttäuschung muss Ihr Kind erst lernen. Bieten Sie ihm dabei Unterstützung an.

Dieser vermeintliche Trotz gehört zu den typischen Familienkonflikten. Und es ist nur zu verständlich, dass Eltern in solchen Situationen ins Schwitzen geraten und gerade im hektischen Alltag nicht immer souverän darauf reagieren können. Doch bedenken Sie: Ihr Kind hat noch keine anderen Möglichkeiten, seine Frustration zu verarbeiten. Es muss erst üben, seine Wünsche und Bedürfnisse zu spüren, zu benennen und mit Enttäuschungen umzugehen.

Herausfinden, was hinter dem Konflikt steckt

Hinter alltäglichen Streitereien stecken oft Partnerschaftsprobleme.

Obwohl die traditionelle Rollenaufteilung mittlerweile weitgehend gelockert ist, ist die konkrete Aufgabenverteilung nicht in allen Familien eindeutig geklärt: Wer räumt die Spülmaschine aus? Wer geht einkaufen? Viele Diskussionen im Alltag drehen sich um solche vermeintlich banalen Fragen. Doch bergen genau diese Debatten jede Menge Sprengstoff und können Familien das Leben unnötig schwer machen. Hier werden nämlich häufig tiefer liegende Konflikte abgearbeitet. Nur vordergründig geht es dann darum, wer den Abwasch macht. In Wirklichkeit aber stehen Themen wie Ausgewogenheit, Gerechtigkeit und Fairness auf dem Prüfstand.

Ungelöste Konflikte können die Stimmung sehr belasten

Eine zentrale Frage lautet: Wer gibt mehr, wer weniger? Nicht selten spiegeln sich in der Auseinandersetzung um die Alltagsaufgaben auch Machtkämpfe wider: Wer bestimmt? Wer setzt sich durch? Sollten Sie mit Ihrem Partner immer wieder die gleichen Diskussionen führen, ohne zu einer Lösung zu kommen, ist es notwendig, sich mit Ihrer Beziehung zu beschäftigen. Fragen Sie sich, worum es bei den Auseinandersetzungen wirklich geht, was Sie sich wünschen und was Sie ärgert. Nur so können Sie den eigentlichen Konflikt erkennen und auch bearbeiten.

Sprechen Sie mit Ihrem Partner offen über Ihre Bedürfnisse.

Schwelende Partnerschaftskonflikte belasten die Psyche jedes Familienmitgliedes. Nicht alle Unstimmigkeiten sind schnell zu beseitigen. Das muss auch nicht sein. Doch sprechen Sie die Dinge möglichst offen an und versuchen Sie, miteinander eine Regelung zu finden. Das entlastet nicht nur den Alltag, sondern auch Ihr Kind.

So entschärfen Sie Familienkonflikte

- Akzeptieren Sie, dass es in Ihrer Familie Probleme gibt. Je gelassener Sie bleiben, desto schneller können Sie sie lösen. Konflikte unter den Teppich zu kehren führt hingegen meistens dazu, dass sie irgendwann umso stärker hervortreten.

- Gehen Sie nicht davon aus, dass die anderen Ihnen Böses wollen. In der Regel möchten Ihre Lieben nur ihre eigenen Interessen vertreten. Das gilt insbesondere für die Kinder.

- Sehen Sie einen Konflikt nicht als Machtkampf, sondern als zu bewältigende Aufgabe. Es geht nicht darum, recht zu haben, sondern sich mit den unterschiedlichen Ansichten, Gefühlen und Bedürfnissen innerhalb der Familie auseinanderzusetzen.

- Finden Sie heraus, worum es bei einem Streit genau geht: Wer möchte was erreichen? Wer braucht was? Oft stecken hinter Reibereien unterschiedliche Wünsche. Diese gilt es herauszufinden. Sobald das Kernthema aufgedeckt ist, lässt sich das Problem leichter lösen.

Lachen und Humor sind Kraftquellen im Familienalltag

Familienzeit genießen

9

Gemeinsam Spaß haben tut allen gut

Tobi (5 Jahre) ist schlecht gelaunt. *Erst musste er sein Zimmer aufräumen und jetzt soll er auch noch seinen Turnbeutel packen. Viel lieber würde er auf dem Tablet spielen oder seine Lieblingsserie anschauen. Aus lauter Frust kickt er ein Kissen in die Luft. In diesem Moment kommt sein Vater herein: „Na, Tobi? Lust auf eine Kissenschlacht?" Und schon greift er sich das Kissen und wirft es zu Tobi. Der fängt es und schmettert es kraftvoll zurück. – „Hey, du bist mir ja einer!" Papa lacht, schnappt sich seinen Sohn und kitzelt ihn durch. Tobi kichert fröhlich und knufft seinen Vater in den Bauch. Die Rangelei geht noch eine Weile weiter, bis beide außer Atem sind. „Wow, du bist schon ganz schön stark, weißt du das?" – „Klar, weiß ich das!", antwortet Tobi und wirft sich stolz in die Brust. „So, und jetzt noch schnell die Turnschuhe in den Beutel, und dann gibt's Abendessen!" „Klar, Paps", sagt Tobi scherzend und macht sich auf die Suche nach seinen Sneakers.*

Das Leben mit Kindern würde keinen Spaß machen, wenn sich nicht auch mal die Erwachsenen unkonventionell, spontan und humorvoll verhalten. Wer immer streng nach pädagogischem Plan handelt, überfordert nicht nur sich selbst, sondern verkennt auch die menschliche Natur, in der ein starker Spieltrieb und die Freude an der Bewegung verankert sind. Auch Erwachsene haben „Flausen im Kopf", verrückte Ideen und manchmal einfach nur Lust auf Quatsch. Diese spontanen, spielerischen Bedürfnisse auszuleben, hat viele Vorteile:

- Es macht Spaß.
- Es hilft dabei, Spannungen abzubauen.
- Es verbessert die eigene Stimmung.
- Es fördert die Kreativität.
- Es lockert das Familienleben auf.
- Es bring Schwung und Lebendigkeit in die Beziehungen.
- Es verbindet die Familienmitglieder miteinander.

Freuen Sie sich, wenn Sie sich Ihre kindliche Fantasie und Spielfreude erhalten konnten und nutzen Sie diese zusammen mit Ihren Kindern.

Gemeinsamer Spaß schweißt zusammen

Kreative Beschäftigungen tun Kindern und auch Eltern gut.

Auch kreativ tätig zu sein, ist ein menschliches Grundbedürfnis. Nehmen Sie sich Zeit dafür, wann immer es geht. Malen Sie doch einfach mal mit, wenn Ihr Kind die Fingerfarben auspackt – das Bild muss ja nicht perfekt werden. Es reicht doch, wenn es bunt ist. Wichtiger als das Ergebnis ist das kreative Tun als solches. Oder basteln und schrauben Sie gemeinsam. Wie stolz wird Ihr Kind sein, wenn es mitgeholfen hat, das Fahrrad zu reparieren oder ein Regal zusammenzubauen!

Wichtig ist allerdings, dass Sie auch selbst Freude an der Gemeinschaftsaktion haben. Wenn Sie nur backen, weil Sie meinen, das Ihrem Kind zuliebe tun zu müssen, wird es das vermutlich spüren. Wenn Sie selbst aber zum Beispiel gerne singen, stimmt Ihr Kind bestimmt fröhlich mit ein.

Auch gemeinsame Ausflüge sind für die ganze Familie belebend und bereichernd: Sie schweißen zusammen und stärken das Gemeinschaftsgefühl. Es ist es faszinierend, in einem Planetarium den Sternenhimmel zu bewundern oder in einem Riesenaquarium Haie zu beobachten. Auch Museen haben oft spannende Familienprogramme zu bieten. Außerdem gibt es schöne Familienausflüge, die gar nicht teuer sein müssen: Warum nicht wieder einmal in den Wald gehen, auf Baumstämmen balancieren oder Verstecken spielen? Oder auf einer Wiese picknicken und Ball spielen? Auch Fahrrad- oder kleinere Paddeltouren machen nicht nur Erwachsenen, sondern auch den Kindern Spaß. Es sind oft die einfachen Dinge des Lebens, die uns und unseren Kindern besonders guttun. Und die Natur bietet dafür reichliche Möglichkeiten. Wir müssen sie nur entdecken und nutzen.

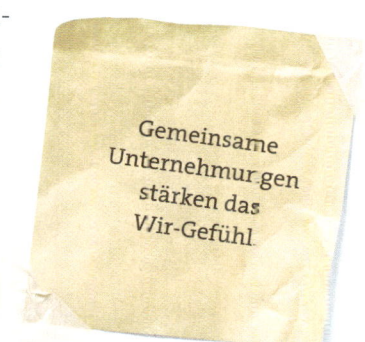

Gemeinsame Unternehmungen stärken das Wir-Gefühl

Warum Balgen und Raufen so wichtig sind

Was gibt es Schöneres für Kinder, als mit Papa hin und wieder ordentlich zu raufen? Nicht nur Jungen lieben es, mit ihrem Vater herumzutollen. Auch Mädchen testen gerne ihre Kräfte und zeigen, was sie schon alles draufhaben. Väter, die öfter mit ihren Kindern balgen

Quatsch machen sorgt für eine entspannte Atmosphäre

und sich als „Kletterbaum" oder Sparringspartner zur Verfügung stellen, unterstützen deren Entwicklung auf vielfältige Weise: Zunächst helfen sie den Kindern, ihre naturgemäß enge Bindung zur Mutter etwas zu lockern. Das ist notwendig, damit das Kind autonom werden kann. Eine gute und innige Beziehung zum Vater zu haben, lehrt das Kind, dass es auch außerhalb der Mutter-Kind-Beziehung Sicherheit und Geborgenheit in der Welt gibt. Und das stärkt das Urvertrauen. Machen Sie sich bewusst, dass Mutter und Vater gleichermaßen bedeutsam für die Kinder und ihre Entwicklung sind – jeder auf seine ganz eigene Weise. Wie die Rollen- und Aufgabenverteilung der Eltern konkret aussieht, ist dabei nicht ausschlaggebend. Wichtig ist nur, dass die Bindung zu beiden Elternteilen liebevoll und stabil ist.

> Eine emotionale Bindung zu Vater und Mutter stärkt Ihr Kind.

Das Kind kann im körperorientierten Spiel mit dem Vater lernen, seine Kräfte zu spüren und angemessen einzusetzen. Im besten Falle fühlt es sich ermutigt, stark zu sein und seine Power zu zeigen. Gleichzeitig lernt das Kind aber auch, seine Grenzen zu spüren und eigene Grenzen zu setzen, etwa wenn es erschöpft ist. Das alles hilft dem Kind dabei, sich selbst besser einzuschätzen und Selbstbewusstsein zu entwickeln.

Darüber hinaus stellt das spielerische Raufen ein ganz natürliches „Anti-Aggressions-Training" dar. Kinder, die so ihre Energie lustvoll ausleben dürfen, haben in der Regel weniger Probleme, mit aggressiven Impulsen angemessen umzugehen. Voraussetzung dafür ist allerdings, dass der Vater beim körperlichen Spiel stets fair und zugewandt bleibt und das Raufen nicht dazu benutzt wird, dem Kind seine Macht zu beweisen.

> Bei körperlichen Herausforderungen spüren Kinder ihre Kräfte und ihre Grenzen.

Zeit für uns: Familienzeit bewusst gestalten

- **Schalten Sie hin und wieder Ihr Handy oder Tablet aus.** Nur so merken die anderen Familienmitglieder, dass Sie voll auf Empfang sind. Wer immer eine Hand am Smartphone hat, signalisiert: Ich bin nicht hundertprozentig bei dir. Das ist auf Dauer frustrierend. Vor allem kleine Kinder brauchen eine ordentliche Portion ungeteilte Aufmerksamkeit ihrer Eltern. Und der Partner freut sich auch darüber, wenn Sie sich ihm mal wieder ganz bewusst zuwenden!

- **Lassen Sie gelegentlich alles stehen und liegen und nehmen Sie eine kleine gemeinsame Auszeit.** Dabei kann es sich um einen gemütlichen, spontan einberufenen Schlafanzugtag, einen Wochenendtrip zu einem Bauernhof oder den Besuch bei Oma handeln. Wichtig ist, dass die Auszeit erholsam und nicht anstrengend ist. Also: Lieber nicht zu viel vornehmen, sondern alles langsam angehen.

- **Führen Sie Wunschzeiten ein.** Jedes Familienmitglied darf sich reihum wünschen, was die ganze Familie machen soll. Das kann ein gemeinsames Frühstück im Bett oder auch ein Schwimmbadbesuch sein. Einigen Sie sich gegebenenfalls im Vorfeld auf die Bedingung, dass das Vorhaben nicht kostenintensiv sein darf.

- **Nehmen Sie sich regelmäßig Zeit zum gemeinsamen (Vor-)Lesen.** Kinder lieben Geschichten. Doch auch Erwachsene können Spaß an Märchen oder klugen Bilderbüchern haben – und mitunter noch so manches dabei lernen!

Zum Weiterlesen

Bücher für Erwachsene

. . . .

Cordula Nussbaum
Familienalltag locker im Griff
Gräfe und Unzer 2013

In diesem kleinen Buch finden Sie Strategien, wie Sie Ihr Familienleben stressfreier gestalten können. Unter anderem geht es darum, „Nein" sagen zu lernen. Der Ratgeber liefert aber auch Tipps, wie Sie am besten Ordnung schaffen und Zeit besser einteilen können. Ein kleiner Persönlichkeitstest rundet die Lektüre ab.

. . . .

Lienhard Valentin / Petra Kunze
Die Kunst, gelassen zu erziehen. Buddhistische Weisheit für den Familienalltag
GU 2011

Mit Achtsamkeit mehr Gelassenheit und Freude im Familienleben finden: Darum geht es in diesem Buch. Sie finden hier buddhistische Achtsamkeitsübungen, Meditationen und Anregungen zur Reflexion, die dabei helfen sollen, den Familienalltag mit mehr Leichtigkeit und Glück zu füllen.

. . . .

Felicitas Römer
Stressfreier erziehen: Einfühlen statt schimpfen
Patmos Verlag 2017

Die Autorin und Familientherapeutin plädiert für einen empathischen Erziehungsstil und zeigt anhand konkreter Beispiele auf, wie man diesen erlernen kann. Sie erklärt, welche Entwicklungsschritte Kinder im Vorschulalter gehen und wie Eltern angemessen damit umgehen können und dabei gelassen und souverän bleiben können.

. . . .

Rita Pohle
Das kann weg! Loslassen – Aufräumen – Freiräume schaffen
Kösel Verlag 2016

In diesem kleinen, illustrierten Buch finden Sie praktische Tipps, wie Sie Ihr Leben von materiellem und psychischem Ballast befreien können. Übersichtlich und knapp geht es vom Ausmisten von Schubläden oder Schränken über Ordnung in Wohnzimmer und Büro bis hin zu einem bewussteren Umgang mit Terminen und dem Smartphone.

Melanie Gäßer / Eike Hovermann

Familien-Chaos im Griff: Profitipps von Kindergarten-Erzieherinnen für einen stressfreien Alltag
Humboldt Verlag 2013

Praxisnahe Tipps für den elterlichen Umgang mit Vorschulkindern: Thematisiert werden typische Alltagsprobleme wie etwa gemeinsames Essen, Machtkämpfe, Trödeln, Zähneputzen, Schlafengehen und so weiter. Dabei sehen die Autoren den Respekt vor dem Kind und seinen Bedürfnissen als besonders wichtig an.

Simone Kriebs

Die entspannte Familie: Wie man aus einer Mücke keinen Elefanten macht
Gütersloher Verlagshaus 2017

Die Familientherapeutin zeigt Wege auf, wie man gute Familienbeziehungen aufbaut und so zu mehr Gelassenheit und Innigkeit findet. Sie geht davon aus, dass in der Erziehung weniger oft mehr ist und dass sich Kinder in einem entspannten Familienumfeld besser entwickeln können.

Julia Dibbern / Nicola Schmidt

Slow Family. Sieben Zutaten für ein einfaches Leben mit Kindern
Beltz 2017

Die beiden Autorinnen halten Nähe, Natur und Langsamkeit für wichtige Werte in der Erziehung und plädieren für ein einfaches, erfülltes Familienleben. So ranken sich ihre Tipps um Themen wie Entschleunigung, Gemeinschaftlichkeit und Nachhaltigkeit im Alltag mit Kindern.

Bücher für Kinder

Dagmar Geisler

Wohin mit meiner Wut? Emotionale Entwicklung für Kinder ab 5
Loewe 2012

Mithilfe dieses Bilderbuches können Eltern mit ihren Kindern über die Themen Wut, Ärger und Frustration ins Gespräch kommen. Es zeigt Kindern, welche Arten von Wut es gibt und bietet Vorschläge zum konstruktiven Umgang mit diesen Gefühlen an.

Kristina Dumas

Aufräumen für Anfänger. Ein Buch über Ordnung und Chaos
Annette Betz Verlag 2017

In diesem ungewöhnlichen Bilderbuch geht es darum, dass Aufräumen nicht nur lästig ist, sondern auch interessant sein kann – vorausgesetzt man kommt mit seinem inneren Schweinehund in Kontakt. Es führt Kinder spielerisch und ohne erhobenen Zeigefinger an die Themen Ordnung und Chaos heran.

Die Autorin

Felicitas Römer ist Systemische Paar- und Familientherapeutin, Autorin und Mutter von vier Kindern. Sie hat zahlreiche Texte und Bücher rund um die Themen Familie, Erziehung und Partnerschaft verfasst, unter anderem „Meine liebe Nervensäge. Warum störende Kinder nicht gestört sind und wie wir ihnen helfen können" sowie „Typisch Eltern. 7 Arten Kinder zu (v)erziehen". Mehr unter www.felicitas-roemer.de.

Impressum

„Aufgetankt statt ausgebrannt" ist ein Sonderprodukt der Zeitschrift *kizz* und des Internetauftritts *www.kizz.de*.

© Verlag Herder Freiburg im Breisgau 2017
Alle Rechte vorbehalten
www.herder.de

Fotos:
Titelfoto, S. 4, 6, 8, 11, 12, 17, 20, 23, 26, 32, 38, 43, 44, 50, 56: plainpicture
S. 14, 40, 54: istockfoto
S. 30, 60: mauritius images
S. 36: photocase
S. 48: Getty Images

Illustrationen: Julia Dürr, www.juliaduerr.net
Umschlagkonzeption: Beatrice Hofmann, Beeconcept, Mühltal
Umschlaggestaltung: Manuela Becher, www.schwarzwald-maedel.de
Satz und Layout: Arnold & Domnick, Leipzig
Herstellung: Graspo CZ, Zlín
Printed in Czech Republik

ISBN 978-3-451-00688-3